Y th

л06лн

LES
MAGOTS,

PARODIE DE
L'ORPHELIN DE LA CHINE;
EN VERS, EN UN ACTE.

Repreſentée pour la premiere fois par les
COMEDIENS ITALIENS ORDINAIRES DU
ROI, le Vendredi 19 Mars 1756.

Le prix eſt de 24. ſols.

A PARIS;

Chez la Veuve DELORMEL, & Fils,
Imprimeur de l'Académie Royale de
Muſique, rue du Foin.

M. D. CC. LVI.

AVEC PRIVILEGE DU ROI.

NOMS DES ACTEURS.

CHANSI, *Précepteur des Enfans du Gouverneur d'un Isle de la Chine.* } Mr. Chanville.

CHNAPAN, *Bonze.*   Mr. Stigotti.

MALDAMB', *Femme de Chansi.* } Mlle. Catinon.

BON CONSEIL, *Femme de Chambre de Maldamé.* } Mlle. Susette.

SACRIPAN, *Chef de Corsaire.* Mr. Déhesse.

HOUMAR, *Confident de Sacripan.* } Mr. Débrosses.

La Scene est dans une Isle de la Chine.

LES MAGOTS;

PARODIE DE
L'ORPHELIN DE LA CHINE.

SCENE PREMIERE.

MALDAME, BONCONSEIL.

MALDAME.

Pour ouvrir l'entretien, l'ordre de Mel-
pomene,
Veut qu'on dise d'abord où se passe la Scene;
Mais, je prends aujourd'hui des chemins différens.
Sans coëffe, sans panier, sans pompons, &
sans gands,

A ij

Erant à la Chinoise, il faut qu'on s'imagine
Quoiqu'on n'en dise rien , que l'on est à la
Chine.

BONCONSEIL.

Madame, j'applaudis à la réflexion,
Commencez sans tarder votre exposition.

MALDAME'.

Jour triste'! jour affreux ! un Scélérat habile ;
A changé tout à coup la face de cette Isle ;
Le pauvre Gouverneur fuit devant Sacripan,
Cet écumeur de mer , ce malheureux Forban
Pille , frappe , ravage & réduit tout en cendre ;
Mais , s'il est si méchant c'est qu'il a le cœur
tendre.

BONCONSEIL.

Qu'en sçavez-vous , Madame ?

MALDAME'.

Apprends que ce coquin ;
Qu'on nomme Sacripan , se nommoit Barbarin.

BONCONSEIL.

Il me souvient vraiment , qu'il vous contoit
fleurette.

MALDAME'.

Ce n'étoit qu'un faquin ; mais il m'eut satisfaite

A travers ses haillons, un air noble, un air grand
M'interessoit pour lui, me présageoit son rang.
Bonconseil, croirois-tu que malgré sa misere,
Un jour qu'il demanda la passade à mon Pere
Il lui dit sans façon qu'il vouloit m'épouser,
Et jusqu'en suppliant, il sembloit maitriser.

BONCONSEIL.

Il étoit bien hardi.

MALDAME.

C'est un excès d'audace,
Mais son air d'insolence avoit certaine grace
Qui me plaisoit beaucoup; & mon orgueil flatté
Se proposoit déja d'adoucir sa fierté,
Quand mon Pere indigné d'un amant de la sorte,
Avec un bon bâton mit le drôle à la porte.

BONCONSEIL.

Ces peres gatent tout. Son éducation
Vous auroit fait honneur.

MALDAME.

Oui, mon intention
Etoit si bonne; hélas! on fut trop difficile;
Un refus a causé les malheurs de cette Isle.
De plus, le Gouverneur m'unit en même tems
Avec le Précepteur de Messieurs ses Enfans.

A iij

BONCONSEIL.

Votre Epoux est bien vieux, ce choix parut
    étrange :
Je crois que vous avez perdu beaucoup au change.

MALDAME.

Barbarin, n'écoutant qu'une aveugle fureur
Se fit contrebandier au nez du Gouverneur.
Ce matin dans cette Isle il est tombé des nües,
A, du Gouvernement forcé les avenües,
Et je l'attends ici pour voir ce qu'il fera.

BONCONSEIL.

Madame, à dire vrai je m'en doute déja.
Il n'est pas seul j'espere.

MALDAME.

        Ah ! dans ces lieux peut-être
Cinq cent hommes cruels accompagnent ce trai-
    tre,
Et nos pauvres Maris vont sentir leur courroux.

BONCONSEIL.

Si de cette façon ils traitent les époux,
Madame, comment donc traiteront-ils les fem-
    mes ?

MALDAME'.

Cette crainte eſt trop juſte & doit glacer nos
ames.

BONCONSEIL.

Vont-ils bientôt venir ?

MALDAME'.

Scélérat triomphant ;
L'amour me parle en vain , ma vertu me défend.
Je t'aime , & n'aurai pas un inſtant de foibleſſe ,
J'écouterai toujours la voix de la ſageſſe.
Cependant s'il venoit , farouche & plein d'ardeur,
Fais-moi reſſouvenir de crier au voleur.

SCENE II.

CHANSI , MALDAME' ; BONCONSEIL.

MALDAME'.

CHER Epoux , que fait-on ?

CHANSI.

Nous n'avons plus de Maître ,
J'ai vû le Gouverneur jetté par la fenêtre.

A iiij

Cinq de Meffeurs fes Fils l'ont fuivi leftement ;
Et Madame a reçu le même traitement.
On l'a vûe en plein air faire la cabriole.
Leur dernier Fils nous refte , & j'ai donné parole
De conferver fes jours.

MALDAME'.

C'eft un bon procedé.

CHANSI.

Son Pere à haute voix me l'a recommandé
Devant fes Ennemis , animés au carnage.
On maffacroit les gens de tout fexe & tout âge ;
Et moi , fans nul obftacle, admirés mon bonheur,
J'arrive fain & fauf auprès du Gouverneur.
Il attendoit la mort , au lieu d'être en deffence,
Sa femme délaiffée étoit fans connoiffance ;
Leurs Enfans autour d'eux crioient: Papa, Maman..
On les a tous liés ; le Gouverneur prudent,
Se voïant ainfi pris & la fenêtre ouverte,
Avec bien du bon fens a preffenti fa perte.
Il me voit, il m'appelle , & me dit en argot :
» Sauve du moins les jours de mon fils au maillot.
Des qu'il a dit ces mots, fans qu'on le deshabille,
On le jette à la Mér & toute fa Famille.
Pour moi l'on m'a laiffé fortir paifiblement,
Pour faire exécuter un fi beau Teftament;

PARODIE.

MALDAME'.

Ils devoient bien auſſi noïer votre perſonne

CHANSI.

Non les plus grands coquins ont toûjours l'ame
    bonne.
Je ſçais bien que je puis leur devenir fatal ;
Mais ils m'ont épargné , voilà le principal.
Soit que j'aye à leurs yeux parû trop reſpectable ;
Soit que j'aye à leurs yeux parû trop mépriſable ;
Soit qu'un Dieu vigilant plus brillant qu'un éclair ;
Empêche les voleurs d'entendre & de voir clair,
Et d'ailleurs ſi leurs mains m'avoient ôté la vie ;
On n'auroit jamais pû faire la Tragedie.

SCENE III.

HOUMAR , CHANSI ,
MALDAME', BONCONSEIL.

HOUMAR.

DU fameux Sacripan; illuſtre Ambaſſadeur
Je viens donner ici des traits de ſon bon cœur.
Ce vainqueur avec lui ne veut pas qu'on badine :
Vous avez en dépôt un Magot de la Chine.

Sans sa mort, les Magots vont tomber sous nos
   coups,
Et l'on aura grand soin de commencer par vous;
Ne me répliquez rien, j'exige le silence,
Je veux parler tout seul : je devrois par pru-
   dence
Emporter cet Enfant dont on a tant besoin;
Mais tout seroit fini si je prenois ce soin.
La nuit vient, le jour fuit. . . . c'est bien la même
   chose.
Avant qu'il soit plus tard, allés qu'on se dispose
A livrer ce marmot; sinon, vous êtes mort,
Partés, dépêchés vous, je l'attends & je sors.

SCENE IV.

MALDAME CHANSI,
BONCONSEIL.

MALDAME.

A Cet évenement vous deviez vous attendre
Et la nécessité vous contraint à le rendre.

CHANSI.

Il ne perira point j'en ai fait le serment.

M'ALDAME'.

C'eſt un ſoible ſecours qu'un pareille ſurement.

CHANSI.

Nous pourrons à l'Enfant conſerver la lumiere ;
Il faut l'aller porter au fond de la Glaciere.

MALDAME'.

J'y conſens , je le vais porter dans cet endroit ;
Mais je crains bien qu'un jour il ne meure de
froid ,

SCENE V.
CHANSI, CHNAPAN.

CHNAPAN.

L'Excès de nos malheurs fendroit un cœur
de bronze.

CHANSI.

De ce Temple ſacré, quoique tu ſois un Bonze;
Dis crois-tu bien au Dieu que tu ſers ?

CHNAPAN.

Quel propos !
Apparament.

CHANSI.

Eh bien, écoute en quatre mots

Le projet le plus beau, le plus neuf, le plus rare ;
Et d'autant plus frapant qu'il paroîtra bizare.
Mais, il faut avant tout, sur ta foi, me jurer
De garder le secret que je vais déclarer.

CHNAPAN.

Ne craignés pas Seigneur que jamais on le sçaché
Oui, j'en prens à témoin votre auguste
　　moustache.

CHANSI.

Je vais t'ouvrir mon cœur : tu n'és qu'un franc
　　gredin,
Et c'est un grand bonheur, pour servir mon dessein.

CHNAPAN.

Vous êtes bien poli quand vous voulés séduire.

CHANSI.

Sans être remarqué, tu peux tout faire & dire ;
Saisis mon Fils unique il est dans le berceau
Et vas pour l'Orphelin le porter au Boureau.

CHNAPAN.

Cela n'est pas possible, Eh que voulés vous
　　faire ?
On vous soupçonnera de n'en être pas pere.

CHANSI,

Si fait, ma femme est sage à ce que l'on m'a dit ;
Mais qu'elle ignore tout, elle en perdroit l'esprit,
Escamote l'Enfant à l'inçû de Madame.

SCENE VI.
CHANSI seul.

MAis comment lui cacher cette odieuse
    trame ?
Le Marmot braillera, la Nourice criera,
La Mere y va courir ; tout se découvrira.
Il faut pour la tromper inventer quelque fable :
Le mensonge est toûjours honnête & sociable,
La vérité fait peine, on préfere l'erreur,
L'art de mentir, n'est fait que pour notre bon-
    heur.
Oui, cherchons quelque feinte.... il n'en est
    point de bonne ;
Mais dans les grands desseins, toûjours ont dérai-
    sonné.
Quoiqu'il en soit, mon nom va se rendre im-
    mortel.
C'est donner un entorce à l'amour paternel,
Je suis dénaturé pour que l'on m'applaudisse ;
Il n'importe à quel prix, pourvû qu'on réussisse.

SCENE VII.

MALDAMÉ, CHANSI.

MALDAME'.

JE vous trouve à propos, Monfieur le Man-
darin.
Ma fureur vous cherchoit pour vous faire un
beau train :
Je viens de voir mon fils qu'on livroit aux Cor-
faires ;
Je viens d'épouvanter ces brigands téméraires,
Er ces monſtres cruels, moins que vous, inhumains,
M'ont laiſſé retirer mon fils d'entre leurs mains,

CHANSI.

O Ciel !

MALDAME'

Depuis cinq ans que je fuis votre Epoufe,
Nous n'avons qu'un enfant ; fi nous en avions
douze,
Encore paffe, on pourroit en facrifier un ;
Mais, qu'on m'ôte le mien, il ne m'en reſté
aucun.
Reflechiffez-y bien, fongez que je fuis fage,

Et qu'un enfant est cher, lorsque l'on a votre
Age. . . . .

CHANSI.

Hélas! Je l'ai livré sans trop sçavoir pourquoi ;
Mais il faut bien un peu faire parler de foi.

MALDAME'.

C'est pour se distinguer se mettre à la torture ;
La raison en gémit, la tendresse en murmure.
Bon homme, de quel droit vous croyez-vous per-
    mis
De faire à mon insçû les honneurs de mon fils?

CHANSI.

C'est le bien de l'Etat, telle est notre misere ;
Vous êtes Citoyenne avant que d'être mere.

MALDAME'.

Seigneur cette pensée est jeune comme vous;

CHANSI.

Portez plus de respect à votre illustre Epoux,
Au lieu du vrai Magot, il faut livrer le vôtre.

MALDAME'.

Si vous aimez mieux l'un, pour moi j'aime mieux
    l'autre ;
Monsieur le Gouverneur à tort d'être noyé

Et puisqu'il est défunt, il doit être oublié,

Dès que les Grands sont morts, on doit saisir
   l'Epoque

Qu'ils ne sont plus à craindre, enfin que l'on s'en
   moque.

Hélas! Que l'on soit pauvre, ou qu'on méne un
   grand train,

Tout mortel est chargé de son petit chagrin,

Chacun à ses malheurs.

C H A N S I.

Elle est belle parleuse,

Sans mériter le nom de bonne raisonneuse.

M A L D A M E.

Que marmotte tu la? dis?

C H A N S I.

Que j'avois l'honneur

D'élever les enfans de notre Gouverneur.

M A L D A M E.

Dès qu'il est mort, te dis-je, il n'a rien a pré-
   tendre.

Je ne dois point mon sang en tribut à sa cendre;

Le nom de Précepteur n'est pas plus saint pour
   nous,

Que les noms si sacrés, & de Pere, & d'Epoux;

Le mariage enfin vient des Dieux en droiture ;
Ils nous le font aimer, & le tout par nature.

CHANSI.

Sacripan & sa troupe avancent dans ces lieux ;
Pour filer l'intérêt, éloignons nous tous deux.

SCENE VIII.

SACRIPAN, HOUMAR, *suite*.

SACRIPAN.

MES amis, c'est assez briser de Porcelaines,
Que ces travaux Chinois soient le prix de vos
    peines ;
Ces bijoux de vieux lac, & ces colifichets,
Qui des petits enfans font ici les jouets ;
Amas confus & vain de richesses fragiles,
Pour payer vos exploits vont devenir utiles.
Cent Vaisseaux orgueilleux, du bout de l'Univers,
Follement vont franchir l'immensité des Mers ;
Ils chercheront nos bords, & nous rendront les
    modes
D'un Pays où l'argent se dépense en Pagodes,
Et l'on viendra chercher à travers les hazards,
Ces joujoux qu'on préfére aux chef-d'œuvres des
    Arts.
Si se goût pueril est une extravagance,
Ce mauvais goût nous sert, il occupe la France.

B.

Que ce peuple poli nous donne ses lingots,
Conservons nos vertus, & vendons nos Magots
La sagesse préside au Pays où nous sommes,
Elle met à profit la sotise des hommes.
Sortez. Demeure Houmar.

SCENE IX.

SACRIPAN, HOUMAR.

SACRIPAN.

Voila donc ce Palais
Que je me suis promis de n'oublier jamais !

HOUMAR.

Nous y fûmes rossés.

SACRIPAN.

Cela fit ma fortune ;
J'aurois toûjours rampé comme une ame commune.
J'ai ravagé cette Isle, & son destin affreux,
Houmar, n'est que l'effet d'un dépit amoureux.
Que de maux a produits une simple grisette !
J'avois depuis cinq ans, que je fis ma retraite,

PARODIE.

Oublié mon amour par un motif plus grand ;
Mais, je sens tout-à-coup que cela me reprend,
Ecoûte les soûpirs de mon ame enflâmée.

H O U M A R.

Mon oreille, Seigneur, étoit accoûtumée
Au bruit de nos mousquets, aux cris de nos che-
vaux,
Et non à vos soûpirs qui me semblent nouveaux.

S A C R I P A N.

Elle doit bien gémir de n'être pas ma femme.

H O U M A R.

Un soin plus important doit occuper votre ame.
Seigneur, un certain Bonze, au nom du Pré-
cepteur,
M'est venu présenter le fils du Gouverneur ;
Je comptois le tenir, une femme en furie,
Me porte sous le nez ses deux poings & s'écrie :
» Cet enfant est à moi, c'est mon bien, m'entend
t'on ?
» Et cependant vous donne ici du galbanon,
» Avec l'autre Marmot, il a fait un échange,
» En un mot, cette affaire est un mic mac étrange,
» Qu'on me rende mon fils, dit-elle, je le veux,
» Ou dans le même instant je te peche les yeux.

B ij

Cette femme a féduit mon cœur par fes careffes ;
Car moi je fuis toûjours fenfible aux politeffes.
J'ai lâché fon Magot qu'elle a mis dans fes bras ,
Et j'ai tourné le dos pour vous joindre à grands
    pas.

SAORIPAN.

Comment avez vous pû le céder de la forte ?
Eh quoi , pour le reprendre étoit elle affez forte?

HOUMAR.

Une femme qui crie , étonne un bataillon ;
Nous n'avons pû tenir contre fon carillon.

SACRIPAN.

Rien n'eft plus furprenant ! Je voudrois la con-
    noître ,
Qu'en ce moment , Houmar , on la faffe paroître.

HOUMAR.

Vous la voyez, Seigneur

SACRIPAN.

En croirai-je mes yeux ?
Quoi..... Maldamé.... c'eft-elle... ah ! je
    fuis furieux.

SCENE X.

MALDAME', SACRIPAN,

HOUMAR.

SACRIPAN.

Vous avez un Enfant ! êtes-vous mariée ?

MALDAME'.

Seigneur....

SACRIPAN.

Et depuis quand vous êtes-vous liée ?

MALDAME'.

Du jour que pour tâcher de mériter ma main,
Vous devintes voleur de tout le genre humain.

SACRIPAN.

Votre mari vraiment va jouer un beau rôle.
Sans doute je m'attends que c'est un jeune drôle,
Dont l'air avantageux & les heureux talens....

MALDAME'.

Mon Epoux respectable à soixante-quinze ans,

SACRIPAN.

C'eſt donc un homme en place ?

MALDAME'

Il enſeignoit à lire
Au fils du Gouverneur.

SACRIPAN.

Parbleu je vous admire !
Comment un Précepteur, un homme obſcur & vieux ,
Eſt le digne mari. . . mais enfin , c'eſt tant mieux ,
Je veux bien pardonner. (à part.) L'occaſion eſt bonne
Pour faire en mes filets tomber cette friponne.
(à Maldamé.)
Gardez votre Marmot ; mais à condition.

MALDAME'.

Qu'elle eſt - elle, Seigneur ?

SACRIPAN.

Plaiſante queſtion !
Je fus trop avili , ma gloire eſt offencée ,
Et vous devez, Madame , entendre ma penſée.
Croyez - vous me traiter encore comme un oiſon?
Vous m'avez mépriſé, j'en veux avoir raiſon ,
Votre Epoux eſt coupable.

MALDAME'.

Et de quoi je vous prie.

SACRIPAN.

D'être heureux mari d'une femme jolie ;
Mais j'en dis trop, je crois, & plus que je ne
veux.
Le téméraire encore ose braver mes vœux !
Je demande un enfant, il m'en présente un autre ;
Ce bon Epoux lui-même ose livrer le vôtre,
Et par un tour bien fin que l'on ne conçoit pas,
Il veut dans mon esprit jetter de l'embaras.
S'il ose me jouer . . . .

MALDAME'.

Le voici qui s'avance.

SACRIPAN.

Je me passerois bien de sa triste présence.

SCENE XI.

CHANSI, SACRIPAN, MALDAME', HOUMAR.

SACRIPAN.

Vieux Mandarin, approche, approche, &
viens jurer....

CHANSI.

Avec bien du plaisir.

SACRIPAN.

Que viens-tu de livrer ?
Est-ce le vrai Magot ?

CHANSI.

Par le Dieu que j'attefte...

MALDAME'.

Si vous le laiffez dire, il mentira de refte.

SACRIPAN.

Eclairciffons le fait : l'Enfant eft-il de lui ?

MALDAME'.

Oui.

CHANSI

CHANSI.

Non.

SACRIPAN.

Entendons - nous. l'un dit, non, l'autre, oui.

CHANSI.

L'Enfant est de mon Maître.

MALDAME'.

A-t'il bien l'impudence
D'oser me démentir avec tant d'indécence !

CHANSI.

J'ai rempli mon devoir.

SACRIPAN,

Je te prends donc au mot;
Qu'on aille expédier promptement ce Marmot,

MALDAME'.

Si l'on touche à mon fils, tu m'entends, que ta
flâme
Ne se flatte jamais d'apprivoiser mon ame,

CHANSI.

Si l'on n'y touche pas, l'Orphelin grandira;
Et tu verras alors comme il te traitera.

C

SACRIPAN.

Qu'à fortir promptement, ce vieux pédant s'a-
prête,
Je veux avec fa femme avoir un tête à tête.

CHANSI.

Très - volontiers, Seigneur.

SCENE XII.

SACRIPAN, MALDAME'.

SACRIPAN.

Ça nous voilà nous deux :
Laiffons les Marmoufets, & parlons de mes feux,

MALDAME'.

Hélas ! Pour vous entendre ai-je l'efprit tran-
quille ?
Ne m'entretenez point d'un amour inutile.

SACRIPAN.

Sortez donc : cet amour vous feroit trop d'honneur,
Je vais m'abandonner à toute ma fureur.

MALDAME'.

Ah Seigneur !

SACRIPAN.

Laiſſez-moi , votre refus me choque ?
Et puiſqu'il faut ici parler ſans équivoque ,
Si la clémence encore dans mon cœur peut entrer,
Vous ſavez quels affronts vous devez réparer.

SCENE XIII.

SACRIPAN, HOUMAR.

SACRIPAN.

JE voudrois me vanger Houmar , & je ſoupire ;
Qu'eſt-ce donc que l'amour ?

HOUMAR.

Je ne puis vous le dire ;
Je ſuis ſur ce point-là ſtupide tout-à-fait.
Je ne m'entens Seigneur qu'à bourer mon mouſ-
quet ,
A joüer de mon ſabre & fumer une pipe.
Jamais à ſoupirer mon cœur ne s'émancipe ,
Et j'ignore en amour & la crainte & l'eſpoir :
Me veut-on bien tant mieux , ne veut-on pas
bon ſoir.

SACRIPAN.

Maldamé ne vient point.

HOUMAR.

Vous y fongez encore,

SACRIPAN.

Non, s'en eſt fait, ami, je la hais, je l'abhorre,
Je ne veux plus la voir.

HOUMAR.

C'eſt auſſi mon avis,

SACRIPAN.

Qu'on aille la chercher.

HOUMAR.

Quoi Seigneur ?

SACRIPAN.

Obéis;

HOUMAR.

Mais, ſauf votre reſpect, ſouffrez que je vous diſe
Que vous riſquez de faire une grande ſotiſe.
Tous nos avanturiers qui n'aiment qu'à piller,
Vous voïant amoureux, pourront bien vous railler.

SACRIPAN.

De ton zéle inſolent reprime les ſaillies,
Je veux que mes Sujets reſpectent mes folies.

HOUMAR.

Seigneur, s'en est assez : je vais leur attester
Combien ils ont en vous matiere à respecter.

SCENE XIV.

SACRIPAN, *seul.*

JE pense qu'ils voudroient juger de ma con-
duite
Lorsque je leur permets de mourir à ma suite !
Jamais ces marauts là ne sont contens de nous.

SCENE XV.

HOUMAR, SACRIPAN, MALDAME.

HOUMAR (*à Maldamé.*)

SEigneur, je vous l'amene. Allons approchez-
vous.
En confident discret, Seigneur, je me retire.

B iij

SCENE XVI.

SACRIPAN, MALDAME'.

MALDAME'.

Quel nouvel ordre encore auprés de vous m'attire !
Vous me faites trembler,

SACRIPAN.

Allez ne craignez rien.

MALDAME'.

Que voulez-vous de moi ?

SACRIPAN.

Mais , vous le savez bien.

MALDAME'.

Je vais vous parler net : quand j'étois encor
fille ,
Quand vous n'étiez vêtu que d'une figuenille ,
Vous me plaisiez beaucoup. Peut-être bien qu'alors
Avec vous ma sagésse eut fait de vains efforts.

SACRIPAN.

O Ciel ! vous m'aimetiez ?

MALDAME'.

Par cet aveu fincere,
Vous fentez qu'à préfent vous devez me déplaire.

SACRIPAN.

Je ne vous comprends point.

MALDAME'.

Vos vœux font fuperflus,
Je vous aimois jadis., le tems paffé n'eft plus.

SACRIPAN.

Je fuis toujours charmé de cette découverte :
Cela peut revenir, rien ne me déconcerte,
Affez mal-à-propos vous faites un aveu
Qui doit fervir encore à rallumer mon feu.
Oh ça, fi vous voulez, avec vous je m'engage,
Et je caffe aujourd'hui votre fot mariage.

MALDAME'.

Vous ne pouvez, Seigneur, aller contre la loi,
Elle a trop de pouvoir.

SACRIPAN.

Oh, je m'en moque moi ;
Je ne connois de loi que le droit de la guerre,
Que la loi du plus fort, d'ailleurs je fuis Cor-
faire.

C iv

MALDAME'.

Si vous vous élevez au-dessus de nos loix ,
Pour moi j'y suis soumise & l'hymen a ses droits.

SACRIPAN.

Laissez-nous donc passer un peu d'amour en fraude,
Ou, morbleu , songez-y , j'ai la tête un peu chaude.

MALDAME'.

Que diroit mon Epoux ?

SACRIPAN.

Madame , en ce moment
On va lui proposer un bon arrangement.
Si contre mes desirs ce vieux jaloux se cabre ,
Pour rompre vos liens il ne faut que mon sabre;
Mais je crois qu'il sera plus docile que vous ,
Et qu'il va s'en tirer comme nombre d'époux.
Je vous laisse y penser. * Pour hater sa défaite
Que l'on fasse approcher sa prudente Soubrette.

* *A la Cantonnade.*

SCENE XVII.

MALDAME', BONCONSEIL'

MALDAME'.

Ici trois interêts se trouvent compromis ,
L'interêt du Magot , l'interêt de mon fils ,
L'amant le plus pressant attaque ma sagesse ;
Dis, pour lequel des trois crois tu qu'on s'interesse?

BONCONSEIL.

Madame , pour aucun.

MALDAME'.

Que me conseille tu ?

BONCONSEIL.

Mais, ce seroit d'avoir un peu moins de vertu.

MALDAME'.

Ma chere Bonconseil , j'en suis assez tentée ;
Mais , sur un ton si haut ma fierté s'est montée ;
Jusqu'ici mon honneur ne s'est point démenti.

BONCONSEIL.

Votre amant reparoit , prenez votre parti.

SCENE XVIII.
SACRIPAN, MALDAME'.

MALDAME'.

QUoi je vous vois encor ?

SACRIPAN.

Que cette fille sorte.

Elle sort.

Houmár , éloignez-vous , veillez sur cette porte.

MALDAME'.

Que prétendez-vous donc ?

SACRIPAN.

Venir à tous instans

Dire la même chose en termes différens :
Préparez vous cruelle aux peines les plus dures;
Je ne vous ai pas dit encore assez d'injures.
Perfide , ingrate , hélas ! mon petit cœur , m'a-
mour,
De rage & de tendresse , agité tour à tour....
Redoutez ma fureur.... Viens , ça que je t'embrasse.

MALDAME'.

Vous perdez le bon sens , moderez vous de grace.

SACRIPAN.

Je tiens vos deux Marmots, on vient de les trouver;
C'est à vous à préfent, Madame, à les fauver.
Ne faites plus l'enfant, ceffez d'être fevere.
Je fuis venu piller cette Ifle pour vous plaire ;
Si vous vous obftinez à refufer ma main,
Pour abreger, je vais occir le Mandarin.

MALDAME.

En me reconnoiffant, vous auriez dû le faire.

SACRIPAN.

Je ne raifonne point quand je fuis en colere;
Il va périr, c'eft vous qui le facrifiez.

MALDAME.

Pour qu'on l'amena fci, je me ferte à vos pieds,
A votre amour pour moi, s'il daigne condefcendre,
Et s'il entend raifon, je voudrai bien l'entendre,
C'eft ma feule reffource.

SACRIPAN.

      Il faut vous contenter;
Mais, ce n'éfoit pis fci qu'il falloit confulter.
Qu'il vienne. Je ne fais ô Ciel ce que j'ordonne
Je me fens du tranfport & tout mon fang bouil-
   lonne,

Je ne me connois plus , tant je suis furieux ;
Je sens des passions le choc tumultueux ,
Ah tête! ah ventre ! ah mort ! que de sang ! quel
    carnage....
Sacripan , Sacripan , est-ce toi qu'on outrage ?
Ce sabre flamboïant....

MALDAME.

        Seigneur , que faites-vous ?

SACRIPAN.

Madame , je m'aprête à devenir bien doux.

MALDAME.

Pour vous tranquilliser , Seigneur , je viens de
    faire
Une réflexion qui paroit nécessaire :
Attendez quelque tems, mon Epoux est cassé ;
Je serai bientôt veuve.

SACRIPAN.

        Oh ! moi je suis pressé.
Je vais vous l'envoyer , qu'il décide au plus vite.

SCENE XIX.

MALDAME' *seule.*

MOn Mari va venir, Dieux , quel trouble
m'agite !
Dois-je lui propofer.... Que faut-il faire ? hélas !
Mais je fais un moyen pour fortir d'embarras.

SCENE XX.

MALDAME', CHANSI.

MALDAME'.

SAis tu bien à quel prix le tiran nous fait grace ?

CHANSI.

Ma Femme je le fais ; que veut-on que j'y faffe ?

MALDAME'.

Il tient les deux Enfans , hélas ! malgré nos foins.

CHANSI.

Ma Femme, c'eft pour nous deux embarras de
moins.

On vient de m'ordonner de vous rendre visite.
Cette faveur m'est chere, il faut que j'en profite.
Je viens vous proposer de faire un bon marché ;
Vous allez voir combien je vous suis attaché
J'ai formé le projet en politique habile,
De céder au Tyran ce qui m'est inutile,
Et vous devez penser par un propos si doux
Que j'ai premierement jetté les yeux sur vous.

MALDAME'.

Le projet est galand, & je vous en rend grace.
Vous mériteriez bien, moi que je me donnasse ;
Par vos meilleurs amis vous serez combatu,
Et vous faites ici radoter la vertu.

MALDAME',

Moi, je prétends passer pour femme singuliere.
Je te serai fidelle, & mourrai la premiere.

CHANSI.

Que de bontés ma femme !

MALDAME'.

Ecoute mes projets :
Pourquoi peririons-nous comme des gens abjects ?
Subissons notre sort sans qu'on nous humilie,
Ne souffrons point enfin qu'une main impolie
Nous serre avec un nœud trop fortement tendu

A nous faire mourir, fi l'on s'eft a attendu,
Il faut que l'on en ai le démenti.

C H A N S I.

Sans doute;
C'eft bien penfé cela. Que faut - il faire?

M A L D A M E'.

Ecoute,
Il faudra nous tuer pour éviter la mort.

C H A N S I.

Eh mais, ma femme,

M A L D A M E'.

Quoi?

C H A N S I.

Je vous approuve fort,
Quoi, préférer au jour l'honneur d'être fidéle!
On fe contentera d'admirer ce modéle.

M A L D A M E'.

Allons, veux tu mourir?

C H A N S I.

Malgré nos fages loix,
Je conçois que l'on peut fe tuer quelquefois;
Mais, feuls & défarmés, Efclaves & victimes,

MALDAME'.

Ne vas pas étaler de grands mots & des rimes,
Qui dans ces momens-ci, ne signifiroient rien.
Désarmé, seul, victime, Esclave, on trouve
     bien
Le moyen de mourir quand on si détermine ;
Mais à tout j'ai pourvû : comme je suis plus fine,
A tout événement, j'ai pris ce grand couteau.
Allons, dépêchons-nous : cela sera bien beau.
Quoi ! Ce fer te fait peur ?

CHANSI.

     Oh, qu'à cela ne tienne ;
Mais, prenons notre tems, attens que quelqu'un
     vienne,
Ma femme, il faut mourir le plus tard que l'on
     peut.

MALDAME'.

J'entends du bruit.

CHANSI.

     Mourons, puisque l'honneur le veut.

MALDAME'.

Tiens, commence par moi, que ta main plus
     hardie
Frappe, & te tue après ; mais point de tricherie
                CHANSI.

PARODIE.

CHANS I.

C'eſt ſur moi.

MALDAME.

C'eſt ſur moi.

CHANS I.

Laiſſe-moi me frapper ;
Ne tire pas ſi fort , tu pourrois me couper.

SCENE DERNIERE.

SACRIPAN, HOUMAR, *Suite*, CHANSI, MALDAME'.

SACRIPAN.

Arrêtés malheureux. O Ciel! qu'alliez vous
faire ?

MALDAME'.

Mourir pour te braver.

SACRIPAN.

Quel deffein téméraire !
Ne vous en flattés pas. J'avois tout écoûté,
Et je vous guettois - là.

CHANSI.

Je m'en fuis bien douté,

SACRIPAN.

Vous apprendrez tous deux à fouffrir mon em-
pire ,
Peut - être à faire plus.

PARODIE.

MALDAME'.

Qu'oferoit - il nous dire ?
Voudrois-tu malgré moi....

CHANSI,

Je ne fçais que penfer?

MALDAME'.

A porter notre arrêt , pourquoi tant balancer ?

SACRIPAN.

Il va l'être , Madame.

MALDAME'.
Ah ! tous mes fens frémiffent.

SACRIPAN.

Je veux morbleu. . . . je veux. . . . que vos crain-
tes finiffent ;
Je change tout-à-coup. Vivez heureux.

MALDAME'.
Comment?

SACRIPAN.

J'ai voulu vous furprendre avec ce dénouement.
Ce tiran, ce barbare , eft enfin un bon-homme.

CHANSI.

Ah ! que je donnerois une bien groffe fomme . . .

D ij

48 LES MAGOTS,

SACRIPAN, *à Maldamé.*

Reprenez vos Enfans, l'un a l'air de Joas,
L'autre d'Astianax, pour eux ne craignez pas,
Je veux les adopter & leur servir de pere.

CHANSI.

Quoi Seigneur, tout de bon!

SACRIPAN *à Chansi.*

Mon retour est sincere.
Veillez sur ces Marmots, donnez leur votre tems ;
Je donnerai le mien à Madame.

CHANSI.

J'entends.

SACRIPAN.

Du titre de mari, conservez l'excellence
Je me contenterai d'avoir la survivance.

FIN.

APPROBATION.

J'Ai lû par ordre de Monseigneur le Chancelier
les MAGOTS, Parodie, & je crois que l'on peut
en permettre l'impression, ce premier Avril 1756.

CREBILLON.

www.ingramcontent.com/pod-product-compliance
Lightning Source LLC
LaVergne TN
LVHW052149080426
835511LV00009B/1757